Betriebswirtschaftslehre

Eine Einführung in hierarchischen Modulen

Band 3 – Konstitutionaler Rahmen von Betrieben –

2. Auflage

Eike Clausius

Danksagung

Der Verfasser bedankt sich an dieser Stelle bei all denjenigen, mit deren Anteilnahme und Mithilfe dieser Band entstanden ist. Besonders meine Studenten/ -innen der Einführung in die Betriebswirtschaftslehre trugen durch ihr ständiges Hinterfragen und ihre hilfreichen Anregungen zum Entstehen dieses Werkes bei.

Mein ganz persönlicher Dank gilt meiner Frau Evelyn, die mich vor familiären und zeitlichen Blockaden bewahrt, unterstützt und mir stets Mut zugesprochen hat: Ihr widme ich diese Publikation.

Eike Clausius
Berlin/ Zwickau 2018

Betriebswirtschaftslehre

– Eine Einführung in hierarchischen Modulen –

Band 3
– Konstitutionaler Rahmen
von Betrieben –

Eike Clausius

Berlin/ Zwickau 2018

2. Auflage

Bibliografische Information der Deutschen Nationalbibliothek:
Die Deutsche Nationalbibliothek verzeichnet diese Publikation in der Deutschen Nationalbibliografie; detaillierte bibliografische Daten sind im Internet über http://dnb.dnb.de abrufbar.

© 2018 Dr. Eike Clausius

Illustration: Dr. Clausius Consulting

Herstellung und Verlag: BoD – Books on Demand, Norderstedt

ISBN: 978-3-7460-6847-3

Inhaltsverzeichnis

Abbildungsverzeichnis

1 Einführung in die Betriebswirtschaftslehre

Siehe Betriebswirtschaftslehre – eine Einführung in hierarchischen Modulen – Band 1.

2 Betrieb als Erkenntnisobjekt der Betriebswirtschaftslehre

Siehe Betriebswirtschaftslehre – eine Einführung in hierarchischen Modulen – Band 2.

3 Konstitutionaler Rahmen von Betrieben

3.1 Konstitutive Entscheidungen von Betrieben im Überblick

BETRIEBLICHE KONSTITUTIVE ENTSCHEIDUNGEN (METAENTSCHEIDUNGEN)

In der Bundesrepublik Deutschland bedarf jeder Betrieb als Wirtschaftseinheit zur Realisierung seines Betriebszwecks und zur bestmöglichen Erreichung seiner Betriebsziele eines bestimmten konstitutionalen (verfassungsmäßigen) Rahmens. Dieser konstitutionale Rahmen des Betriebs wird durch grundlegende – sogenannte **konstitutive** – und damit das Wesen eines Betriebs bestimmende **Entscheidungen** i.d.R. von den am Wirtschaftsprozess beteiligten Individuen auf lange Sicht determiniert. Er legt die Beziehungen des Betriebs zu seiner Umwelt und sein grundsätzliches inneres Gefüge zur Realisierung des Betriebszwecks fest, um das Betriebsziel bestmöglich zu erreichen. Eine solche Festlegung erfolgt

- zum einen bei der **Unternehmensgründung** durch die Wahl der geeigneten betrieblichen Rechtsform, zum anderen kann es **in unterschiedlichen Entwicklungsphasen** eines Unternehmens notwendig sein, Veränderungen des konstitutionalen Rahmens vorzunehmen.
- Durch eine Harmonisierung mit der betrieblichen Umwelt aufgrund betriebszielgerechter Verhältnisse können grundlegende Bedingungen geschaffen werden, die eine weitere betriebliche Existenz sichern helfen. Derartige Anpassungsprozesse sind notwendig bei **Unternehmenswendepunkten** wie
  - einem **Unternehmenszusammenschluss**[1],
  - einer **Standortveränderung von Betrieben**[2] oder
  - einer Entscheidung über die Beendigung der Unternehmenstätigkeit (**Unternehmensinsolvenzen**[3]) im Sinne einer Auflösung des Betriebs mit anschließender Liquidation.

---

[1] Vgl. dazu Band 5 dieser Reihe: Unternehmenszusammenschlüsse.

[2] Vgl. dazu Band 5 dieser Reihe: Standortveränderung von Betrieben.

[3] Vgl. dazu Band 5 dieser Reihe: Unternehmensinsolvenzen.

Aufgrund der Prägnanz dieser Kriterien wird in den folgenden Werken ausführlich auf diese eingegangen.

3.2 Grundformen von Betrieben

Abbildung 27 - Grundformen von Betrieben – 1 –

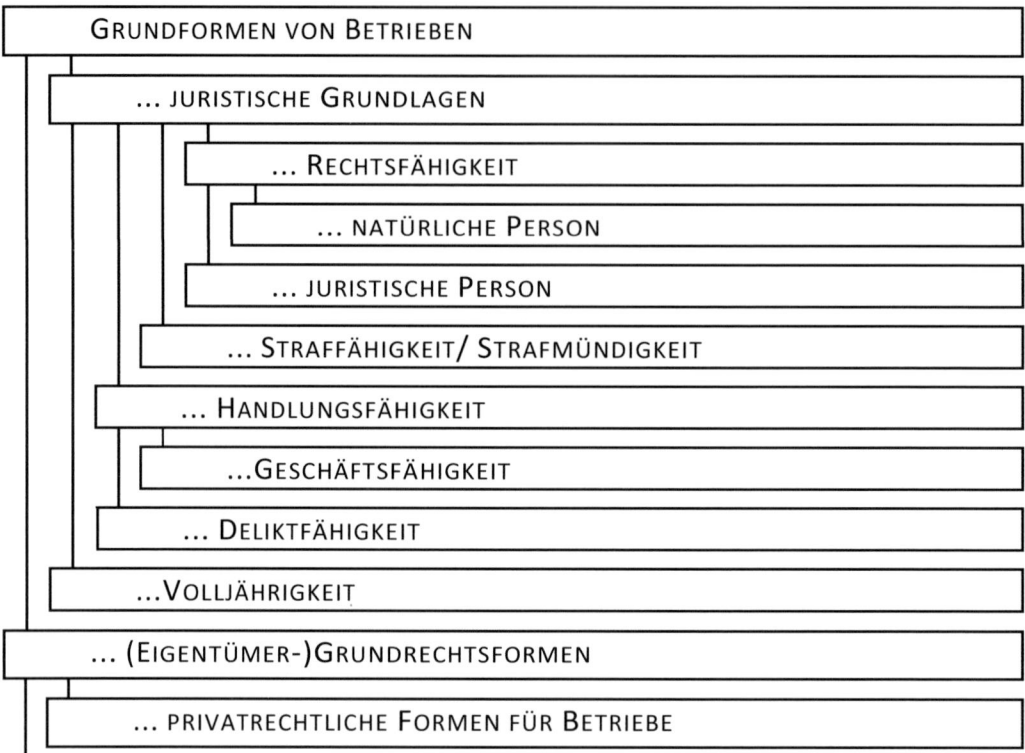

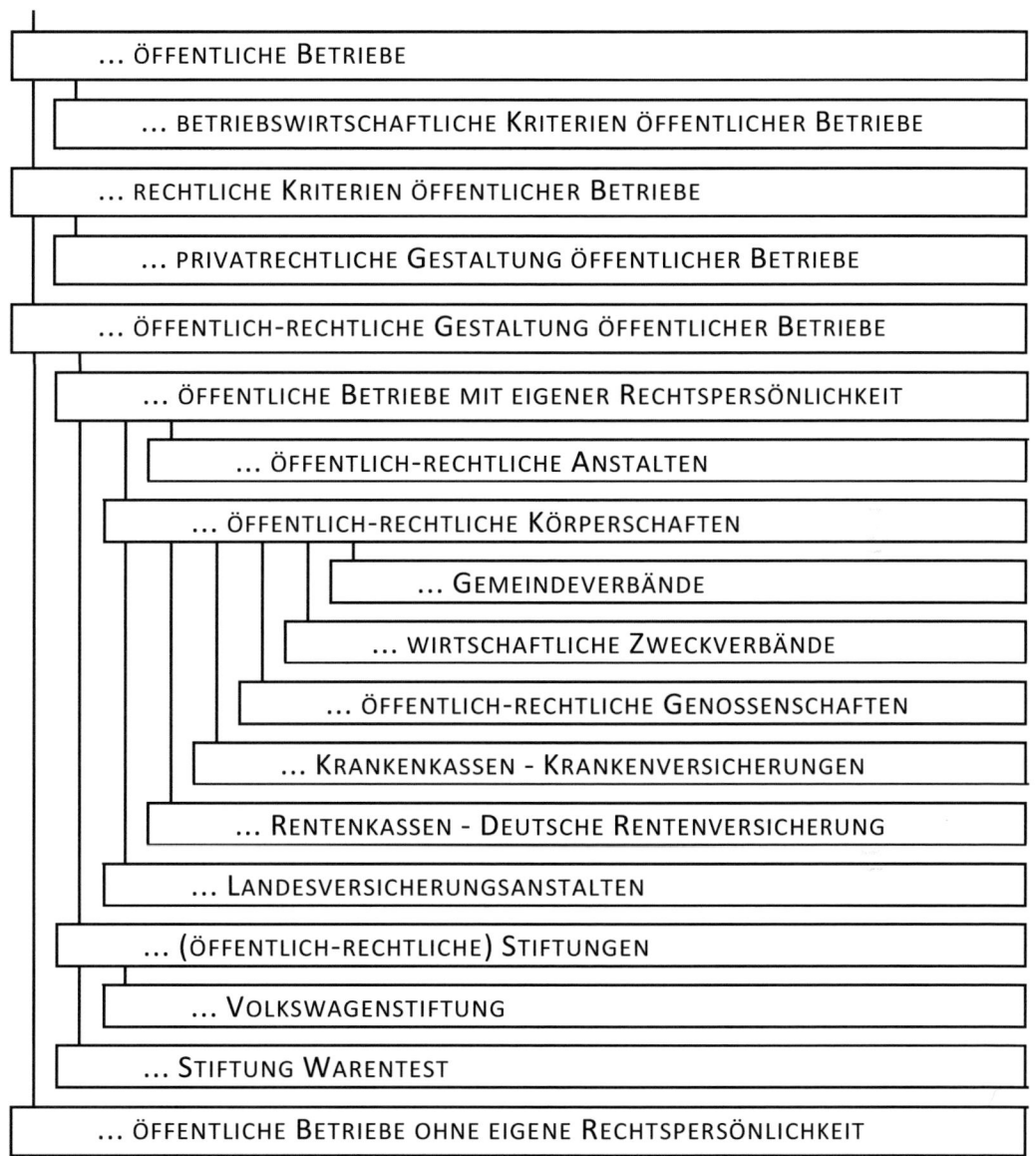

... ÖFFENTLICHE BETRIEBE

... BETRIEBSWIRTSCHAFTLICHE KRITERIEN ÖFFENTLICHER BETRIEBE

... RECHTLICHE KRITERIEN ÖFFENTLICHER BETRIEBE

... PRIVATRECHTLICHE GESTALTUNG ÖFFENTLICHER BETRIEBE

... ÖFFENTLICH-RECHTLICHE GESTALTUNG ÖFFENTLICHER BETRIEBE

... ÖFFENTLICHE BETRIEBE MIT EIGENER RECHTSPERSÖNLICHKEIT

... ÖFFENTLICH-RECHTLICHE ANSTALTEN

... ÖFFENTLICH-RECHTLICHE KÖRPERSCHAFTEN

... GEMEINDEVERBÄNDE

... WIRTSCHAFTLICHE ZWECKVERBÄNDE

... ÖFFENTLICH-RECHTLICHE GENOSSENSCHAFTEN

... KRANKENKASSEN - KRANKENVERSICHERUNGEN

... RENTENKASSEN - DEUTSCHE RENTENVERSICHERUNG

... LANDESVERSICHERUNGSANSTALTEN

... (ÖFFENTLICH-RECHTLICHE) STIFTUNGEN

... VOLKSWAGENSTIFTUNG

... STIFTUNG WARENTEST

... ÖFFENTLICHE BETRIEBE OHNE EIGENE RECHTSPERSÖNLICHKEIT

Abbildung 28 - Grundformen von Betrieben – 2 –

GRUNDFORMEN VON BETRIEBEN

Eine Rechtsform wird bei der Gründung eines Betriebs als Wirtschaftseinheit konstituiert bzw. durch Situationen, die eine Änderung der Unternehmensrechtsform begründen.

Betrachtet werden:

- JURISTISCHE GRUNDLAGEN DER RECHTSFORMEN UND
- (EIGENTÜMER-)GRUNDRECHTSFORMEN.

JURISTISCHE GRUNDLAGEN DER RECHTSFORMEN

Als juristische Grundlage der Rechtsformen dienen Handels- und Gesellschaftsrechte, die aus mannigfaltigen Gesetzen und Gesetzesteilen bestehen. Da jeder Betrieb in der Marktwirtschaft mit anderen Wirtschaftseinheiten über Austauschbeziehungen geldlicher, güterlicher und informationeller Art verbunden ist, unterliegt jeder Betrieb einem für ihn relevanten Gesetz, um diese Beziehungen allgemeingültig zu regeln:

- das Bürgerliche Gesetzbuch (BGB),
- das Handelsgesetzbuch (HGB),
- das Gesetz über Gesellschaften mit beschränkter Haftung (GmbHG),
- das Aktiengesetz (AktG),
- das Genossenschaftsgesetz (GenG),
- das Mitbestimmungsgesetz (MitbestG) und
- das Betriebsverfassungsgesetz (BetrVG).

Im Zusammenhang mit der Eröffnung eines Betriebes sind zu beachten die

- RECHTSFÄHIGKEIT,
- STRAFMÜNDIGKEIT/STRAFFÄHIGKEIT,
- HANDLUNGSFÄHIGKEIT SOWIE
- VOLLJÄHRIGKEIT.

RECHTSFÄHIGKEIT

Die **Rechtsfähigkeit** ist die Fähigkeit Träger von Rechten und Pflichten zu sein. Die Rechtsfähigkeit lässt sich unterscheiden in

- NATÜRLICHE PERSON UND
- JURISTISCHE PERSON.

NATÜRLICHE PERSON

Jeder Mensch ist ab seiner Geburt rechtsfähig. Ein Betrieb kann in seiner Rechtsfähigkeit auf **natürliche Personen** bezogen sein, d.h. der Betrieb besitzt **keine eigene Rechtspersönlichkeit**, sondern die Eigentümer der Wirtschaftseinheit sind individuell rechtsfähig.

JURISTISCHE PERSON

Demgegenüber besitzt der Betrieb eine eigene Rechtspersönlichkeit, wenn die Firma[4] selbst als **juristische Person** Träger von Rechten und Pflichten ist, und die den Betrieb repräsentierenden Personen lediglich Geschäftsträger sind. **Geschäftsträger** sind Personen, die die Geschäfte des Betriebs im Namen der Eigentümer führen. Der Betrieb ist selbständig rechtsfähig, hat Vermögen und kann im eigenen Namen klagen und verklagt werden.

---

[4] Vgl. zu „Firma" Band 2 dieser Reihe.

Unter der **Strafmündigkeit** einer Person wird die Fähigkeit verstanden, strafrechtlich verantwortlich zu sein. Sie beginnt mit 14 Jahren; Kinder unter 14 Jahren sind strafunmündig (§1 JGG) und daher ist eine Bestrafung nicht möglich.

Die Abgrenzung zwischen Straffähigkeit und Deliktfähigkeit liegt darin, dass der Begriff "Strafmündigkeit" sehr viel verbreiteter ist als Deliktfähigkeit.

Unter der **Straffähigkeit** einer Person wird deren Fähigkeit verstanden, ihre ausgeübten Taten zu verantworten. Jugendliche beziehungsweise Heranwachsende zwischen 14 und 18 Jahren sind strafrechtlich verantwortlich, wenn sie zum Zeitpunkt der Tat nach ihrer sittlichen und geistigen Entwicklung reif genug sind, das Unrecht der Tat einsehen zu können und nach dieser Einsicht handeln können (§3 JGG).

Die Strafmündigkeit beginnt ab 14 Jahren (§19 StGB) und ist damit entscheidend für die strafrechtliche Verantwortlichkeit und führt mit Überschreiten der Altersschwelle erst mal zur "eingeschränkten" Strafmündigkeit (§1 JGG - Jugendgerichtsgesetz). Das Jugendgerichtsgesetz (JGG) unterscheidet **Jugendliche**, die zur Zeit einer Tat vierzehn Jahre, aber noch nicht achtzehn Jahre sind und **Heranwachsende**, die zur Zeit der Tat achtzehn Jahre, aber noch nicht einundzwanzig Jahre alt ist. (§1 JGG, Abs.2.)

In Bezug auf die **Straffähigkeit** bedeutet dies: Bis zur Vollendung des 14. Lebensjahres gilt der Mensch als **Kind** und ist somit nicht strafmündig, somit ist eine Bestrafung nicht möglich. Zwischen dem 14. und dem 18. Lebensjahr bezeichnet das Gesetz den Beschuldigten als **Jugendlichen**, für den dann zwingend das Jugendstrafrecht anzuwenden ist. Anschließend und bis zum vollendeten 21. Lebensjahr gilt man als **Heranwachsender**. In diesem Lebensabschnitt hat das Jugendgericht zu prüfen, ob noch Jugendrecht oder bereits Erwachsenenstrafrecht anzuwenden ist. Maßgeblich für diesen Zeitpunkt ist nicht das Alter zurzeit der gerichtlichen Hauptverhandlung, sondern das Alter zurzeit der Tat. Das Gericht hat bei Heranwachsenden zu prüfen, ob in der Person des Beschuldigten, in der Tat oder in der Tatbegehung Merkmale zu erkennen sind, welche als jugendtypisch angesehen werden. In diesem Fall ist

Jugendrecht anzuwenden. Anklagen gegen Beschuldigte zwischen 14 und 21 Jahren müssen immer vor dem Jugendgericht erhoben werden.

HANDLUNGSFÄHIGKEIT

Unter der **Handlungsfähigkeit** wird die Fähigkeit einer Person verstanden, Rechte und Pflichten zu begründen, aufzuheben oder zu verändern. Bei der Handlungsfähigkeit kann aufgrund der Rechtmäßigkeit oder der Rechtswidrigkeit der Handlung unterschieden werden zwischen der

- GESCHÄFTSFÄHIGKEIT UND
- DELIKTFÄHIGKEIT.

GESCHÄFTSFÄHIGKEIT

Geschäftsfähigkeit beschreibt die Fähigkeit durch eine eigene Willenserklärung rechtswirksam Rechte und Pflichten zu erwerben.

Volle Geschäftsfähigkeit besitzt jeder Mensch mit der Vollendung des 18. Lebensjahrs (§2 BGB); sie handeln stets rechtswirksam.

Beschränkte Geschäftsfähigkeit haben Minderjährige zwischen dem 7. Lebensjahr und solche, die das 18. Lebensjahr noch nicht vollendet haben (§106 BGB), ebenso Volljährige, die wegen Geistesschwäche, Verschwendung-, Rauschgift- oder Trunksucht entmündigt wurden (§114 BGB) sowie nach beantragter Entmündigung unter vorläufiger Vormundschaft stehen (§114 BGB). Willenserklärungen von beschränkt Geschäftsfähigen sind schwebend unwirksam (§108 BGB), d.h. keiner der Vertragsparteien kann ein Recht aus dem Vertrag ableiten. Ein beschränkt Geschäftsfähiger handelt rechtswirksam, wenn die Einwilligung (vorherige Zustimmung) des gesetzlichen Vertreters vorliegt (§107 BGB), die Genehmigung (nachträgliche Zustimmung) des gesetzlichen Vertreters (§108 BGB) nachgereicht wird, oder die Willenserklärung lediglich einen rechtlichen Vorteil verschafft wie bspw. eine Schenkung (§107 BGB). Darüber hinaus gilt der Taschengeldparagraph (§110 BGB), d.h. der beschränkt Geschäftsfähige handelt rechtswirksam, wenn ihr/ ihm Geld zur freien Verfügung, sachbestimmt oder mit Zustimmung des gesetzlichen Vertreters von einem Dritten Geld für bestimmte Zwecke überlassen wird.

Geschäftsunfähig sind Minderjährige vor Vollendung des 7. Lebensjahrs (§104 Satz 1 BGB), ebenso wie Volljährige, wenn sie auf Dauer geistesgestört (§104 Satz 2 BGB), wegen Geisteskrankheit entmündigt sind (§104 Satz 3 BGB) oder auch bewusstlos oder vorübergehend geistesgestört sind (§105 Satz 2 BGB). Die Willenserklärungen von Geschäftsunfähigen sind stets nichtig, d.h. Willensäußerungen werden stellvertretend durch die Eltern oder den Vormund (gesetzlicher Vertreter) vorgenommen.

DELIKTFÄHIGKEIT

Deliktfähigkeit beschreibt die Fähigkeit durch unerlaubte Handlungen zivilrechtliche Pflichten zu erwerben (§828 Abs. 2 BGB). Jeder Mensch, der das 18. Lebensjahr vollendet hat, ist deliktfähig, d. h. sie/ er ist voll für einen Schaden verantwortlich, den sie/ er anderen Personen zufügen.

Bedingte Deliktfähigkeit liegt bei Minderjährigen vor, die das 7. Lebensjahr jedoch noch nicht das 18. Lebensjahr vollendet haben und aufgrund ihres/ seines Reifezustands nicht erkennen konnte, dass sie/ er eine schädigende Handlung vornimmt (§823 Abs.2 BGB).

Bei Minderjährigen vor Vollendung ihres/ seines 7. Lebensjahres wird von **Deliktunfähigkeit** gesprochen (§828 Abs.1 BGB), ebenso wie Volljährige, die zum Zeitpunkt der Schadenszufügung bewusstlos sind, sich im Zustand krankhafter Störungen der Geistestätigkeit oder sich in einem nicht selbst veranlassten Rauschzustand befinden (§827 BGB). Sie sind für den Schaden, den sie anderen zugefügt haben, nicht verantwortlich.

Die **Deliktfähigkeit** beginnt ab 7 Jahren (§828 BGB) und ist damit entscheidend für die zivilrechtliche Verantwortlichkeit, das Überschreiten der Altersschwelle führt grundsätzlich (außer im Straßenverkehr) direkt zur vollen Verantwortlichkeit.

Bei juristischen Personen existiert das Problem der Deliktfähigkeit nicht. Nach §31 BGB haftet die juristische Person für Schäden, die dessen Organe (Vorstand, Aufsichtsrat, Geschäftsführer) einem Dritten zugefügt haben. Bei Personengesellschaften (OHG, KG) haften die Eigentümer unmittelbar und unbeschränkt.

In Deutschland wird die **Volljährigkeit** mit der Vollendung des 18. Lebensjahres erlangt (§2 BGB). Damit wird die Person voll geschäftsfähig - die Fähigkeit, sich selbst durch rechtsgeschäftliche Erklärungen wirksam zu binden -, kann einen Betrieb eröffnen und erhält zugleich das passive Wahlrecht auf kommunaler und Bundesebene (Art. 38 Abs. 2 Satz 1 GG).

Die Volljährigkeit wurde in Deutschland durch ein Reichsgesetz vom 17. Februar 1875 auf 21 Jahre festgelegt (in Kraft getreten am 1. Januar 1876). Seit dem 1. Januar 1900 regelte dies §2 BGB mit gleichem Inhalt.

Weiterhin legte §3 BGB fest, dass durch das Personenstandsgericht Personen, die das 18. Lebensjahr vollendet hatten, die Volljährigkeit zugesprochen werden konnte; Rechte und Pflichten ergaben sich dementsprechend schon früher.

Vor 1876 trat die Volljährigkeit in vielen Gegenden Deutschlands erst mit 25 Jahren ein.

In der ehemaligen Deutschen Demokratischen Republik wurde durch das Gesetz über die Herabsetzung des Volljährigkeitsalters vom 17. Mai 1950, in Kraft getreten am 22. Mai 1950, das Volljährigkeitsalter auf die Vollendung des 18. Lebensjahres herabgesetzt.

Vor 1975 wurden Jugendliche in der Bundesrepublik Deutschland erst mit 21 Jahren volljährig.

Am 22. März 1974 entbrannte im Deutschen Bundestag in Bonn eine Debatte darüber, das Alter zur Volljährigkeit herabzusetzen. Durch das am 1. Januar 1975 in Kraft getretene „Gesetz zur Neuregelung des Volljährigkeitsalters" vom 31. Juli 1974 wurde der Eintritt der Volljährigkeit vom vollendeten 21. Lebensjahr auf die Vollendung des 18. Lebensjahres herab- und dergestalt neu festgesetzt.

(Eigentümer-)Grundrechtsformen

Zur Regelung der Beziehungen zwischen den in der Wirtschaft miteinander verbundenen Wirtschaftseinheiten sowie den grundsätzlichen rechtlichen Beziehungen des inneren Gefüges innerhalb der Wirtschaftseinheit Betrieb, werden von der herrschenden Rechtsordnung verschiedene Grundtypen an Rechtsformen angeboten. Grundsätzlich kann zwischen **Rechtsformen des Privatrechts** und **Rechtsformen des öffentlichen Rechts** unterschieden werden, so dass sich als Grundtypen von Betrieben nennen lassen

- PRIVATRECHTLICHE FORMEN FÜR BETRIEBE UND
- ÖFFENTLICHE BETRIEBE.

Privatrechtliche Formen für Betriebe

Privatrechtliche Betriebe sind erwerbswirtschaftlich geführte Wirtschaftseinheiten, bei denen die Träger (Eigentümer) des Betriebs private Rechtssubjekte sind. Diese Betriebe erstellen Güter in Form von Sach- und/ oder Dienstleistungen zur Fremdbedarfsdeckung und bieten diese ausschließlich gegen Entgelt am Markt an.

Aufgrund der Bedeutung der privatrechtlichen Betriebe für die Wirtschaft der Bundesrepublik Deutschland wird auf diese Rechtsformen in den nachfolgenden Bänden dezidiert eingegangen.

Öffentliche Betriebe sind Wirtschaftseinheiten, bei denen die Träger (Eigentümer) der Betriebe die öffentliche Hand ist (Bund, Länder, Gemeinde, Stadt).

Betrachtet werden die

- BETRIEBSWIRTSCHAFTLICHE KRITERIEN ÖFFENTLICHER BETRIEBE UND
- RECHTLICHE KRITERIEN ÖFFENTLICHER BETRIEBE.

BETRIEBSWIRTSCHAFTLICHE KRITERIEN ÖFFENTLICHER BETRIEBE

Nach betriebswirtschaftlichen Kriterien lassen sich öffentliche Betriebe unterscheiden in

- **Erwerbsbetriebe**: dies sind Betriebe, die nach maximalem Gewinn oder Rentabilität streben;
- **Kostendeckungsbetriebe**: sie sind aufgrund ihrer sozialen Zielsetzung nicht am Gewinn orientiert, sondern an einer Kostendeckung wie bspw. Verkehrs- und Versorgungsbetriebe;
- **Zuschussbetriebe**: sie halten ihre Angebotspreisgestaltung so niedrig, dass die Einnahmen zur Kostendeckung nicht ausreichen wie bspw. Hochschulen, Schulen, Theater und öffentliche Krankenhäuser.

RECHTLICHE KRITERIEN ÖFFENTLICHER BETRIEBE

Nach rechtlichen Kriterien lässt sich eine Einteilung öffentlicher Betriebe vornehmen in eine

- PRIVATRECHTLICHE GESTALTUNG ÖFFENTLICHER BETRIEBE UND
- ÖFFENTLICH-RECHTLICHE GESTALTUNG ÖFFENTLICHER BETRIEBE.

PRIVATRECHTLICHE GESTALTUNG ÖFFENTLICHER BETRIEBE

Auch öffentliche Betriebe haben die Möglichkeit sich in privatrechtlicher Form erwerbswirtschaftlich am Marktgeschehen zu beteiligen. Sie können auftreten als

- **rein-öffentliche Betriebe** wie
  - öffentliche Kapitalgesellschaften in der Form der Aktiengesellschaft (AG), Gesellschaft mit beschränkter Haftung (GmbH) oder bergrechtlichen Gewerkschaft sowie
  - öffentliche Genossenschaften mit beschränkter Haftung, oder als
- **gemischt-wirtschaftliche Betriebe** in Form von rein-öffentlichen Betrieben als
  - Kapitalgesellschaften, an denen die öffentliche Hand
    * mit Majorität in einfacher beziehungsweise qualifizierter Mehrheit oder
    * ohne Majorität mit oder ohne Sperrminorität beteiligt ist, wie bspw. die Beteiligung der öffentlichen Hand am Unternehmen Volkswagen (VW) beteiligt ist oder
  - Genossenschaften mit beschränkter Haftung wie bspw.
    * Wohnungsbau- und Kreditgenossenschaften oder als
    * Pflicht-Genossenschaft kraft Gesetzes wie bspw. bei kommunalen Wasserwirtschafts- oder Siedlungsgenossenschaften.

ÖFFENTLICH-RECHTLICHE GESTALTUNG ÖFFENTLICHER BETRIEBE

Öffentliche Betriebe in öffentlich-rechtlicher Gestaltung können eingeteilt werden in

- ÖFFENTLICHE BETRIEBE MIT EIGENER RECHTSPERSÖNLICHKEIT UND
- ÖFFENTLICHE BETRIEBE OHNE EIGENE RECHTSPERSÖNLICHKEIT.

ÖFFENTLICHE BETRIEBE MIT EIGENER RECHTSPERSÖNLICHKEIT

Derartige Betriebe sind juristische Personen des öffentlichen Rechts, bei denen zu nennen sind:

- ÖFFENTLICH-RECHTLICHE ANSTALTEN,
- ÖFFENTLICH-RECHTLICHE KÖRPERSCHAFTEN UND
- (ÖFFENTLICH-RECHTLICHE) STIFTUNGEN.

ÖFFENTLICH-RECHTLICHE ANSTALTEN

Öffentlich-rechtliche Anstalten sind bspw.

- KOMMUNALE SPARKASSEN,
- LANDESBANKEN,
- PFANDBRIEFBANKEN/ -ANSTALTEN,
- RUNDFUNKANSTALTEN UND
- BAUSPARKASSEN.

KOMMUNALE SPARKASSEN

Sparkassen sind in Deutschland - neben wenigen Privatsparkassen – Anstalten des öffentlichen Rechts. Sie betreiben als Universalkreditinstitute alle üblichen Bankgeschäfte mit privaten Haushalten, Kommunen, institutionellen Anlegern sowie Unternehmen. Die Firma „Sparkasse" ist in Deutschland gesetzlich geschützt (§40 **Kreditwesengesetz** – KWG). Träger öffentlich-rechtlicher Sparkassen sind Städte, Gemeinden, Landkreise sowie kommunale

Zweckverbände von Sparkassen als kommunale Gebietskörperschaften. Gebietskörperschaften sind in Deutschland Körperschaften des öffentlichen Rechts, die die Hoheit über ein Gebiet als räumlich abgegrenzten Teil des Staatsgebietes besitzen. Entsprechend der kommunalen Trägerschaft lassen sich Stadtsparkassen, Kreissparkassen und Bezirkssparkassen unterscheiden. Von Verbandssparkassen wird im Falle von kommunalen Zweckverbänden gesprochen.

Rechtsgrundlage für die Gründung und den Betrieb von Sparkassen ist das **Sparkassengesetz** des jeweiligen Bundeslandes sowie eine vom Träger erlassene Satzung. Die Organe einer Sparkasse sind:

- der Vorstand als Leitungsorgan sowie
- der Verwaltungsrat als Kontrollorgan.

Für bestimmte hohe und risikoreiche Kredittätigkeiten ist in einigen Bundesländern weiterhin

- ein Kreditausschuss zu bilden.

Das Hauptziel von Sparkassen ist nicht die Erzielung von Gewinnen, sondern sie haben die Aufgabe Menschen die Möglichkeiten zu verzinslichen und sicheren (Geld-)Anlagen zu bieten sowie die regionalen Bedürfnisse nach Krediten zu sichern (Regionalprinzip).

Neben Sparkassen des öffentlichen Rechts existieren freie Sparkassen, die Aktiengesellschaften sind.

LANDESBANKEN

Die deutschen Landesbanken waren in der Aufbauphase nach dem Zweiten Weltkrieg eine wichtige Institution zur finanziellen Realisation von infrastrukturellen und wirtschaftspolitischen Investitionen der Länder. Sie stiegen damit zu den größten Fremdemittenten auf, da die Bundesländer ihre Landesanleihen über die Landesbanken als Daueremittenten platzierten. Die Landesbanken emittierten die Anleihen als Führer eines Emissionskonsortiums.

Landesbanken sind in der Regel Anstalten des öffentlichen Rechts (mit Ausnahme der HSH Nordbank Aktiengesellschaft und der Landesbank Berlin Aktiengesellschaft). Die Träger von Sparkassen sind bundesweit uneinheitlich, sie reichen von regionalen Sparkassen über Bundesländer bis zu Mischformen von Landesverbänden und regionalen Sparkassen- und Giroverbänden. Landesbanken haben in Deutschland als Kreditinstitute für einzelne Bundesländer Bankgeschäfte abzuwickeln und die Aufgabe, sie bei der Wirtschaftsförderung zu unterstützen.

PFANDBRIEFBANKEN/ -ANSTALTEN

Pfandbriefbanken oder **Pfandbriefanstalten** geben **Pfandbriefe** heraus. Pfandbriefe sind sehr sichere Schuldverschreibungen, weil diese eine sogenannte **Deckungsmasse** beinhalten. In dieser Deckungsmasse befinden sich die Darlehensforderungen von Pfandbriefbanken, so dass dem Investor im Falle einer Insolvenz der Bank diese Deckungsmasse zur Verfügung steht.

RUNDFUNKANSTALTEN

Als Rundfunkanstalten des öffentlichen Rechts werden sowohl Hörfunk- als auch Fernsehprogramme bezeichnet, die durch Rundfunkgebühren finanziert werden. Diese Anstalten haben neben einem Grundversorgungsauftrag auch einen gesetzlich festgelegten Programmauftrag bei Wahrung politischer und wirtschaftlicher Unabhängigkeit. Nach dem zweiten Weltkrieg gab es in Deutschland über dreißig Jahre lang ausschließlich öffentlich-rechtliche Rundfunk- und Fernsehanstalten. Erst Anfang der achtziger Jahre änderte sich mit der Einführung privater Fernseh- und dualer Rundfunksysteme die Situation der Rundfunklandschaft. Öffentlich-rechtliche Rundfunkanstalten existieren in Europa neben privatrechtlichen und staatlichen Programmen bzw. Sendern.

BAUSPARKASSEN

Durch das Bausparkassengesetz und die Bausparkassenverordnung wurde 1973 ein einheitlicher gesetzlicher Rahmen für die Geschäftstätigkeit von öffentlichen und privaten Bausparkassen geschaffen. Das Bausparkassengesetz wurde 1991 novelliert, wodurch den Bausparkassen sowohl der Europäische Markt geöffnet wurde als auch die Möglichkeit eröffnet wurde, Blankodarlehn für Kleinbeträge zu gewähren. Darüber hinaus traten umfangreiche bauspartechnische Sicherungsmaßnahmen in Kraft.

In Bezug auf ihre Rechtsformen lassen sich unterschiedliche Bausparkassen in sehr heterogene Trägerschaften identifizieren. Differenzieren lassen sich die Bausparkassen in die Gruppen:

- 12 private Bausparkassen, die in der Rechtsform von Aktiengesellschaften (AG) durch Banken und Versicherungsgesellschaften betrieben werden; dazu zählen die BHW (Bausparkasse Schwäbisch Hall AG), deren Eigentümer seit 2006 die Postbank (deren Mehrheitsaktionär seit 2012 die Deutsche Bank) ist;
- 10 Landesbausparkassen, bei denen die Träger als öffentlich-rechtliche Anstalten die Bundesländer und/ oder Sparkassenorganisationen sind. Sie sind Mitglieder im Deutschen Sparkassen- und Giroverband und werden durch deren Bundesgeschäftsstelle betreut.

ÖFFENTLICH-RECHTLICHE KÖRPERSCHAFTEN

Öffentlich-rechtliche Körperschaften sind bspw.

- GEMEINDEVERBÄNDE,
- WIRTSCHAFTLICHE ZWECKVERBÄNDE,
- ÖFFENTLICH-RECHTLICHE GENOSSENSCHAFTEN,
- KRANKENKASSEN SOWIE
- LANDESVERSICHERUNGSANSTALTEN.

GEMEINDEVERBÄNDE

Ein **Gemeindeverband** ist ein Zusammenschluss mehrerer Gemeinden zu einer ihrerseits mit Selbstverwaltung ausgestatteten Gebietskörperschaft. Er dient der Erfüllung überregionaler Aufgaben wie bspw. der Wasser- oder Energieversorgung oder dem Straßenbau. Ein Gemeindeverband ist auf Landkreisebene oder Bezirksverbandsebene — sowie bei Ländern mit einem dreistufigen Verwaltungsaufbau — vorzufinden.

WIRTSCHAFTLICHE ZWECKVERBÄNDE

Zu den **wirtschaftlichen Zweckverbänden** zählen:

- HARTMANNBUND,
- ARCHITEKTENKAMMER,
- INDUSTRIE- UND HANDELSKAMMER UND
- HANDWERKSKAMMER.

HARTMANNBUND

Der **Hartmannbund** - Verband der Ärzte Deutschlands e.V. - ist der einzige, freie Verband. Er vertritt fachübergreifend die wirtschaftlichen, sozialen und beruflichen Interessen aller Ärzte, Zahnärzte als auch Medizinstudierenden in Deutschland.

ARCHITEKTENKAMMER

Die **Architektenkammer** ist als öffentlich-rechtliche Körperschaft eine berufsständische Organisation von Architekten. In Deutschland ist sie dem Allgemeininteresse verpflichtet und führt staatliche Aufgaben aus. Jeder Architekt ist verpflichtet, Mitglied in der für seinen Geschäftssitz örtlich zuständigen Kammer zu sein. Nur die in der Architektenliste aufgeführten Innen-, Garten-, Landschafts- und Architekten sowie Stadtplaner dürfen diese Berufsbezeichnung führen.

Architektenrecht ist in Deutschland Ländersache, weswegen Architektenkammern auf Länderebene bestehen. Somit ist in den einzelnen Architektengesetzen der Länder geregelt: die Eintragung in die **Architektenliste,** die beruflichen Aufgaben und die Organisationsstruktur der Kammern. Neben den Aufgaben der Weiterbildung und Vertretung der Interessen des Berufstandes obliegen ihr sowohl das Bauwesen, der Städtebau, die Landschaftspflege als auch die Aufgaben der Baukunst und -kultur.

INDUSTRIE- UND HANDELSKAMMER (IHK)

Die Industrie- und Handelskammern (IHK) sind Körperschaften des öffentlichen Rechts mit verfassungsrechtlicher zulässiger Zwangsmitgliedschaft. Kammermitglieder sind alle Einzelkaufleute, Personen- und Kapitalgesellschaften sowie juristische Personen des öffentlichen Rechts, die einen Firmensitz im Kammerbezirk (eine Niederlassung oder eine Betriebsstätte) unterhalten.

Ihre allgemeinen Aufgaben sind:

- Wahrnehmung der Gesamtinteressen ihrer Mitglieder,
- Unterstützung und Beratung der Behörden durch Vorschläge, Gutachten und Berichte sowie
- Eintritt für die Einhaltung von Anstand und Sitte im geschäftlichen Verkehr.

Konkret unterliegen den Industrie- und Handelskammern:

- die Führung der Verzeichnisse von Berufsausbildungsverhältnissen,

- die Durchführung von Facharbeiterprüfungen,
- die Regelungen und Abschlussprüfungen bei Ausbildungsverhältnissen in kaufmännischen Bereichen (beispielsweise Industriekauffrau/ -mann),
- die Abnahme von Prüfungen für Sekretäre/-innen und Bilanzbuchhaltern/ -innen,
- die Abhaltung von Kursen zur fachlichen Weiterbildung ihrer Mitglieder,
- die Ausstellung von Ursprungszeugnissen sowie
- die Unterstützung ihrer Mitglieder bei rechtlichen, steuerlichen, finanziellen und logistischen Fragestellungen im In- und Ausland.

Der IHK obliegt nicht die Aufgabe sozialpolitischer oder arbeitsrechtlicher Interessen. Die Dachorganisation der IHKs ist der Deutsche Industrie- und Handelstag (DIHT), der als Arbeitgeberverband die Interessen gegenüber den Gewerkschaften wahrt (Tarifvertrag) und die Interessen gegenüber dem Staat wahrnimmt (Gesetzgebung).

HANDWERKSKAMMER

Handwerkskammern sind Körperschaften des öffentlichen Rechts mit einer gesetzlichen Mitgliedsverpflichtung für Handwerksbetriebe. Im Handelsregister eingetragene Handwerksbetriebe gehören unweigerlich der Handwerkskammer an (Zwangsmitgliedschaft); sie können auch der IHK beitreten.

ÖFFENTLICH-RECHTLICHE GENOSSENSCHAFTEN

Gegenüber wirtschaftlichen Genossenschaften[5] haben öffentlich-rechtliche Genossenschaften Aufgaben für die Gesamtheit der Bevölkerung mit hoheitlichen Mitteln wahrzunehmen. Beispiele öffentlich-rechtlicher Genossenschaften sind Fischerei-, Jagd-, Forst-, Wasser- und Bodengenossenschaften.

---

[5] Vgl. zu „Genossenschaft" Band 4 dieser Reihe.

Krankenkassen beziehungsweise **Krankenversicherungen** sind Körperschaften öffentlichen Rechts mit Selbstverwaltungscharakter. Sie sind Versicherungsträger auf dem Gebiet der sozialen Krankenversicherung. In der Vergangenheit wurde Versicherten eine Krankenkasse zugewiesen, was im Rahmen des Gesundheitsstrukturgesetzes von 1992 zugunsten weitgehender Kassenwahlmöglichkeiten aufgehoben wurde. Kassenartenspezifische Aspekte verlieren unter marktwirtschaftlichen Gesichtspunkten immer mehr an Bedeutung.

Krankenkassen haben einen Vorstand und einen Verwaltungsrat. Der hauptamtliche Vorstand (Leitungsfunktion) wird von einem (ehrenamtlichen) Verwaltungsrat für die Dauer von sechs Jahren gewählt. Der Verwaltungsrat wird im Rahmen von Sozialwahlen für ebenfalls sechs Jahre gewählt. Organisatorisch und finanziell sind sie unabhängig und unterstehen der Kontrolle von Bund und Ländern.

Die Spezifizierung von Krankenkassen ist uneinheitlich, so existieren teilweise regionalbezogene Krankenkassen und solche, die bundesweit arbeiten, solche, deren Versicherte allen Berufsgruppen und -branchen angehören und wieder andere, die funktions-, berufszweig- oder betriebsbezogene Angehörige aufnehmen.

Die in Deutschland historisch in den 1880er Jahren gewachsenen gesetzlichen Krankenversicherungen (GKV) lassen sich durch eine Vielzahl unterschiedlicher Krankenkassen kennzeichnen:

- (ALLGEMEINE) ORTSKRANKENKASSEN (AOK),
- BETRIEBSKRANKENKASSEN (BKK) UND
- INNUNGSKRANKENKASSEN (IKK).

In den folgenden Jahrzehnten wurden

- LANDWIRTSCHAFTLICHE KRANKENKASSEN (LKK) UND
- ERSATZKASSEN (EK)

in das System der Gesetzlichen Krankenkassen (GKV) integriert.

ALLGEMEINE ORTSKRANKENKASSEN

Ortskrankenkassen sind Versicherungsträger auf dem Gebiet der gesetzlichen Krankenversicherung. Sie sind Körperschaften öffentlichen Rechts mit Selbstverwaltung. Der Verwaltungsrat wird paritätisch von Versichertenvertretern und Arbeitgebervertretern besetzt. Ortskrankenkassen sind Pflichtkrankenkassen, die i.d.R. für einen Stadt- oder Landkreis errichtet werden. Differenzieren lassen sich Ortskrankenkassen in:

- ALLGEMEINE ORTSKRANKENKASSEN (AOK) UND
- BESONDERE ORTSKRANKENKASSEN.

ALLGEMEINE ORTSKRANKENKASSEN (AOK)

Die **Allgemeinen Ortskrankenkassen** sind für alle Versicherungspflichtigen eines in der Satzung festgelegten Kreises zuständig, sofern sie nicht aufgrund ihrer Zugehörigkeit zu besonderen Berufsgruppen oder Betrieben Mitglied einer anderen Pflichtkrankenkasse sind.

BESONDERE ORTSKRANKENKASSEN

Für Angehörige einzelner oder mehrerer Gewerbezweige oder Betriebsarten stehen innerhalb eines bestimmten Land- oder Stadtkreises **besondere Ortskrankenkassen** zur Verfügung.

BETRIEBSKRANKENKASSEN (BKK)

Betriebskrankenkassen sind selbstständige Körperschaften öffentlichen Rechts. Jeder Arbeitgeber kann bei über (regelmäßig) 1.000 versicherungspflichtig Beschäftigten eine Betriebskrankenkasse aufbauen. Mit dem Gesundheitsstrukturgesetz von 1992 steht es jedem Versicherten zu, jeder Art von Krankenkasse beizutreten. Somit stehen sie allen betrieblichen Versicherungspflichtigen und -berechtigten offen. Demgemäß öffneten die meisten Betriebskrankenkassen nach ihrer Satzung auch anderen Versicherten die Mitgliedschaft. Zur Errichtung einer betriebsorientierten Krankenkasse bedarf es zum einen einer geheimen Abstimmung der Arbeitnehmer sowie einer behördlichen Genehmigung. Bei der Betriebskrankenkasse wird der Verwaltungsrat paritätisch von Versichertenvertretern und Arbeitgebervertretern besetzt.

Die Beiträge einer BKK sind äquivalent zu anderen Krankenkassen an die betriebsorientierte Kasse direkt abzuführen. Sie hat darüber hinaus ein selbstständiges Rechnungswesen nachzuweisen und die Vermögensverhältnisse der BKK müssen außerhalb der betrieblichen Bilanz gesondert ausgewiesen werden.

Betriebskrankenkassen unterliegen der Kontrolle der zuständigen Versicherungsaufsichtsbehörde.

INNUNGSKRANKENKASSEN (IKK)

Innungskrankenkassen sind selbstständige Körperschaften öffentlichen Rechts. Sie sind durch Handwerksinnungen errichtete Krankenkassen, die sowohl für die Innungsmitglieder (Handwerksmeister) als auch deren Gesellen, Auszubildenden und sonstigen Arbeitsnehmern offenstehen. Darüber hinaus stehen sie auch Betriebsinhabern und deren Familienangehörigen offen. Mit dem Gesundheitsstrukturgesetz von 1992 können auch andere Versicherte einer Innungskrankenkasse als Krankenkasse beitreten.

Sind in den Innungsbetrieben regelmäßig mehr als 1.000 Versicherungspflichtige beschäftigt, so kann eine Innungskrankenkasse gegründet werden. Zur Errichtung einer Innungskrankenkasse bedarf es zum einen der Zustimmung der Innungsversammlung sowie der Mehrheit der in den Innungsbetrieben Beschäftigten, zum anderen einer behördlichen Genehmigung des zuständigen Gebietes. Diese Genehmigung darf nur versagt werden, wenn die Leistungsfähigkeit der Handwerksbetriebe ihrer Mitglieder nicht vorliegt oder die Krankenkasse zum Errichtungszeitpunkt nicht 1.000 Mitglieder hat.

Bei Innungskrankenkassen wird der Verwaltungsrat paritätisch von Versicherten- und Arbeitgebervertretern besetzt.

SOZIALVERSICHERUNG FÜR LANDWIRTSCHAFT, FORSTEN UND GARTENBAU (SVLFG)/ LANDWIRTSCHAFTLICHE KRANKENKASSEN (LKK)

Seit dem 01. Januar 2013 ist die Sozialversicherung für Landwirtschaft, Forsten und Gartenbau (SVLFG) die Nachfolgerin der ehemals eigenständigen regionalen landwirtschaftlichen Sozialversicherungen. Ihren rechtlichen Ausgangspunkt zur Errichtung regelt das „Gesetz zur Neuordnung der landwirtschaftlichen Sozialversicherung" (LSV-NOG). Die SVLFG ist eine selbstständige Körperschaft öffentlichen Rechts. Als Trägerin der landwirtschaftlichen Sozialversicherung ist sie Verbundträger mit der **Landwirtschaftlichen Berufsgenossenschaft** (für die gesetzliche Unfallversicherung), der **Landwirtschaftlichen Alterskasse** (für die gesetzliche Rentenversicherung der Landwirte), der **Landwirtschaftlichen Krankenkasse** (für die gesetzliche Krankenkasse) und die **Landwirtschaftliche Pflegekasse** (für die gesetzliche Pflegeversicherung). Diese vier Versicherungszweige firmieren (im Außenverhältnis) als **Landwirtschaftliche Krankenkassen**.

Ersatzkassen (EK)

Die deutschen **Ersatzkassen** gehen auf die Gründung von berufsständischen Selbsthilfeeinrichtungen zurück. Es organisierten sich Kaufleute und kaufmännische Angestellte (sogenannte „Handlungsgehilfen"). Ersatzkassen wurden auch von Angestelltengewerkschaften und/ oder Arbeitergewerkschaften gegründet.

Aufgrund der ursprünglichen Berufsbezogenheit dieser Kassen, bestehen noch heute Arbeiter-Ersatzkassen (für Berufe des Handwerks) und Angestellten-Ersatzkassen (für technische und kaufmännische Berufe). Seit dem Gesundheitsstrukturgesetz von 1992 spielen diese berufsbezogenen Unterschiede keine Rolle mehr. Jedoch haben die Ersatzkassen bis heute ihr wesentliches Merkmal behalten: Bei Ersatzkassen wird der Verwaltungsrat ausschließlich durch Versicherungsvertreter besetzt.

Gegenwärtig (2018) gibt es noch sechs Ersatzkassen, die zusammengenommen mehr als 25 Millionen Versicherte vertreten und betreuen. Bei kassenarten übergreifenden Fusionen hat sich jedoch bei einigen Ersatzkassen deren ureigenen Spezifika des Verwaltungsrates hin zu einer paritätisch von Versichertenvertretern und Arbeitgebervertretern Besetzung gewandelt.

In den Rahmen von Sozialversicherungen, die in Deutschland die **Krankenversicherung**, die **Pflegeversicherung**, die **Unfallversicherung** und die **Arbeitslosenversicherung** umfassen, gehören auch die Rentenversicherungen als **gesetzliche Rentenversicherungen (GRV)**, die **Rentenkassen**. In Bezug auf eine **Versicherungspflichtgrenze (Jahresarbeitsentgeltgrenze – JAEG)** als Sozialversicherungsrechengröße wird anhand der Höhe des jährlichen Brutto-Arbeitsentgelts eines Arbeitnehmers ermittelt, ob er zwingend gesetzliche Kranken-, Renten- und / oder Arbeitslosenbeiträge entrichten muss, da er pflichtversichert ist. Ein Arbeitnehmer kann entscheiden, ob er nach Überschreitung der Grenze einer individuell bezogenen, privaten Krankenversicherung beitreten möchte. Bei derartigen **Individualversicherungen** handelt es sich um Versicherungen, bei denen der Versicherungsnehmer mit einem Versicherer seiner Wahl einen privatrechtlichen Versicherungsvertrag abschließt.

Die Deutsche Rentenversicherung (DRV) ist ein Teil der gesetzlichen Sozialversicherung in Deutschland. Sie hat gegenwärtig (2018) 16 rechtlich selbstständige Versicherungsträger. In Laufe der wirtschaftlichen Historie in Deutschland veränderte sich die Arbeitswelt zusehends: war der Anfang geprägt von einer großen Zahl von Arbeitern, so nahm ihre Anzahl im Verhältnis zu den Angestellten immer mehr ab. Dem geschuldet wurden im Jahr 1992 im Sechsten Buch Sozialgesetzbuch (SGB VI) die unterschiedlichen Rechtsvorschriften in Bezug auf die Rente für Arbeiter (in der Reichsversicherungsordnung) und die für Angestellte (in der Angestelltenversicherung) harmonisiert. Der in der Rentenversicherung bis dahin bedingte Unterscheid zwischen Arbeitern und Angestellten wurde aufgegeben. Die von der Rentenversicherung bis über Jahrzehnte aufgebauten Vermögen wurden aufgezehrt und durch ein auf Steuern basierendes kofinanziertes Umlageverfahren umgestellt. Auf Steuerzuschüsse zugreifen zu können, findet ihre Berechtigung in den sogenannten `versicherungsfremden Leistungen´, die von der Rentenversicherung übernommen werden mussten.

Als Aufgaben und Dienstleistungen der ab dem 01. Oktober 2005 neu gegründeten Deutsche Rentenversicherung sind zu nennen:

- Auskunfts- und Beratungsaufgaben,
- Rehabilitationen (berufliche und medizinische) zur Teilnahme am Arbeitsleben sowie
- unterschiedliche, seminaristische und publizistische Projekte.

Entstanden ist die Deutsche Rentenversicherung aus:

- der Bundesversicherungsanstalt für Angestellte (BfA),
- 22 Landesversicherungsanstalten (LVA),
- der Bundesknappschaft,
- der Seekasse und
- der Bahnversicherungsanstalt.

Die Bundesversicherungsanstalt für Angestellte (BfA) war für die Durchführung der Versicherung für Angestellte sowie selbstständige Künstler und Publizisten (vertreten durch die Künstlerkasse) zuständig. Die Landesversicherungsanstalten (LVA) waren mit der Versicherung von abhängig beschäftigten Arbeitern sowie gesetzlich pflichtversichert selbstständigen Handwerkern betraut. Die Bundesknappschaft betreute bergbaulich Tätige, die Seekasse war zuständig für Seeleute sowie die Bahnversicherungsanstalt für Beschäftigte bei der Bahn.

Seit dem 01. Oktober 2005 ist die „Deutsche Rentenversicherung" der Name, unter dem in Deutschland die gesetzliche Rentenversicherung durch den

- BUNDESTRÄGER DER DEUTSCHEN RENTENVERSICHERUNG UND

- REGIONALTRÄGER DER DEUTSCHEN RENTENVERSICHERUNG

unterschiedlicher Körperschaften des öffentlichen Rechts wahrgenommen werden. Alle beteiligten Rentenversicherungsträger firmieren unter „DRV" und haben ein gemeinsames Logo.

BUNDESTRÄGER DER DEUTSCHEN RENTENVERSICHERUNG

Bundesträger der Deutsche Rentenversicherung sind

- DEUTSCHE RENTENVERSICHERUNG BUND (DEUTSCHE RENTENVERSICHERUNG BUND) UND

- DEUTSCHE RENTENVERSICHERUNG KNAPPSCHAFT-BAHN-SEE (DRV KBS).

DEUTSCHE RENTENVERSICHERUNG BUND (DRV-BUND)

Die Deutsche Rentenversicherung-Bund (DRV-Bund) als Träger des Bundes nimmt im Rahmen der Sozialversicherung sowohl Grundsatz- und übergreifende Aufgaben wahr wie Statistiken, Forschung und Öffentlichkeitsarbeit als auch gemeinsame Aspekte aller Träger von Rentenversicherungen.

DEUTSCHE RENTENVERSICHERUNG KNAPPSCHAFT-BAHN-SEE (DRV KBS)

Die Beteiligten der **Deutsche Rentenversicherung Knappschaft-Bahn-See** (DRV KBS) sind selbstständige Körperschaften öffentlichen Rechts.

Im Zuge der Neuregelung der deutschen Rentenversicherung ab 01. Oktober 2005 ist ein neuer Rentenversicherungsträger als Teil der Deutsche Rentenversicherung (DRV) entstanden: Die Deutsche Rentenversicherung Knappschaft-Bahn-See (DRV KBS) als Körperschaft des öffentlichen Rechts. Sie war eine Zusammenlegung durch die Neufirmierung der

- Bundesknappschaft

auf Deutsche Rentenversicherung Knappschaft-Bahn-See und Eingliederung der Versicherungsträger

- Bahnversicherungsanstalt und
- Seekasse.

Rechtsgrundlage für die Zusammenlegung war das „Gesetz zur Organisationsreform in der gesetzlichen Rentenversicherung" vom 09. Dezember 2004.

Aufgrund ihrer Zusammenlegung mit unterschiedlichen Berufsgruppen {(Hochsee-)Schifffahrt, Deutsche Bahn, Arbeitnehmer des Bergbaus} betreut die DRV KBS etwa 5% aller Rentenversicherungspflichtigen, so auch die Mini-jobber.

REGIONALTRÄGER DER DEUTSCHEN RENTENVERSICHERUNG

Die Firmen der Regionalträger der gesetzlichen Rentenversicherung setzen sich zusammen aus der Bezeichnung „Deutsche Rentenversicherung" und einem regionalbegründeten Zuständigkeitszusatz (beispielsweise „Deutsche Rentenversicherung Mitteldeutschlands" oder „Deutsche Rentenversicherung Berlin-Brandenburg" usw.).

LANDESVERSICHERUNGSANSTALTEN (LVA)

Die Landesversicherungsanstalt (LVA) als Versicherungsträger der Sozialversicherung bot im regionalen Gebiet Versicherten die Durchführung einer Arbeiterrentenversicherung und Handwerkerversicherung an, soweit sie nicht versichert waren durch berufsspezifische Versicherungen wie die[6]

- Seekasse,
- Knappschaft oder
- Bahnversicherungsgesellschaften.

Die war (in Deutschland) Träger der gesetzlichen Rentenversicherung, deren Zielgruppe abhängig beschäftigte Arbeiter und gesetzlich pflichtversicherte selbstständige Handwerker sowie Gewerbetreibende waren.

Bis zur Neuregelung der gesetzlichen Rentenversicherung ab 01. Oktober 2005 bestanden die 22 regional operierenden LVAs als rechtsfähige Körperschaften des öffentlichen Rechts mit einer autonomen Vermögens- und Haushaltsführung.

Im Zuge der gesetzlichen Neuregelung der gesetzlichen Rentenversicherung, sind die 22 LVAs ein regionaloperierender, rechtlich selbstständiger Teil der neu entstandenen Deutschen Rentenversicherung (DRV).[7]

---

[6] Vgl. dazu auch Deutsche Rentenversicherung Knappschaft-Bahn-See -> 36 -> 3.2.

[7] Vgl. zu Deutsche Rentenversicherung (DRV) -> 34 -> 3.2.

(ÖFFENTLICH-RECHTLICHE) STIFTUNGEN

Von einer **Stiftung** wird gesprochen, wenn mit einem Vermögen eines Stifters ein festgelegter Zweck verfolgt wird. Das Vermögen wird oft gemeinnützigen oder wohltätigen Zwecken (**Stiftungsgeschäft**) zur Verfügung gestellt, dauerhaft gehalten und es finden ausschließlich die Erträge Verwendung für den Stiftungszweck.

Eine Stiftung kann von jeder unbeschränkt geschäftsfähigen[8] natürlichen oder juristischen Person[9] gegründet werden. Regelungen über Stiftungen finden analog Anwendung in den §§80 ff. BGB und den entsprechenden Ländergesetzen. Rechtsfähigkeit erlangt eine Stiftung mit der staatlichen Anerkennung durch eine **Stiftungsbehörde**.

Unterschieden werden:

- STIFTUNGEN DES PRIVATRECHTS,
- FIDUZIARISCHE STIFTUNGEN UND
- (ÖFFENTLICH-RECHTLICHE) STIFTUNGEN.

STIFTUNGEN DES PRIVATRECHTS

Als **Stiftung des Privatrechts** wird ein privates Vermögen bezeichnet, das als juristische Person verselbständigt rechtsfähig ist. Die Stiftung dient – oft zeitlich befristet – einem vom Stifter festgelegten Zweck, der mit den Erträgen erfüllt wird, die aus dem Vermögen erwirtschaftet werden. Der Stiftungszweck kann beliebig sein (**Stifterfreiheit**), solange er den Gesetzen des Grundgesetzes folgt und dem Gemeinwohl nützt. Durch das Stiftungsgeschäft erhält die Stiftung eine **Stiftungsverfassung,** in der Regelungen über deren Namen, den Sitz, ihr Vermögen sowie die Bildung des Vorstandes der Stiftung enthalten sind. Um Zielkonflikte zwischen Stiftungsvermögen und Unternehmensvermögen zu vermeiden, ist eine strikte Trennung von Kapitalver-

---

[8] Vgl. zu Geschäftsfähigkeit -> 16 -> 3.2.

[9] Vgl. zu natürliche Person und juristische Person -> 13 -> 3.2.

hältnissen und dem Management von Unternehmen und Stiftung vorzunehmen.

FIDUZIARISCHE STIFTUNGEN

Wird ein Vermögen einer juristischen Person unter der Auflage der Nutzung für einen bestimmten Zweck zugewendet, so wird von einer sogenannten unselbstständigen, treuhänderischen oder **fiduziarischen Stiftung** gesprochen. Eine solche Stiftung ist nicht rechtsfähig und deren Stiftungsvermögen wird von einer anderen Institution verwaltet.

(ÖFFENTLICH-RECHTLICHE) STIFTUNGEN

Von **öffentlich-rechtlichen Stiftungen** wird gesprochen, wenn bei einem öffentlich-rechtlichen Vermögen, das verselbständigt wird und seinen Zweck mit den Erträgen erfüllt, die aus dem Vermögen erwirtschaftet werden.

Öffentlich-rechtliche Stiftungen, die oft auch zugleich öffentlich-rechtliche Anstalten sind und bei denen Deutschland der Stifter ist, sind die:

- VOLKSWAGENSTIFTUNG ODER
- STIFTUNG WARENTEST.

VOLKSWAGENSTIFTUNG

Die Volkswagenstiftung (Stiftung Volkswagenwerk) ist eine 1961 gegründete, gemeinnützige Stiftung privaten Rechts, deren Stifter die Bundesrepublik Deutschland und das Land Niedersachsen ist. Zweck der Stiftung ist die Förderung von Wissenschaften (Geistes- und Sozialwissenschaften) sowie Technik (Natur-und Ingenieurwissenschaften) in Forschung und Lehre.

STIFTUNG WARENTEST

Die 1964 gegründete **Stiftung Warentest** ist eine Stiftung, deren Zweck es ist, Verbraucher durch vergleichende Prüfung und Bewertung von Sach- und Dienstleistungen über deren Güte zu informieren. Sie ist eine selbstständige rechtsfähige Stiftung bürgerlichen Rechts, deren Stifter die Bundesrepublik Deutschland ist. Ihre Aufgaben reichen vom Vergleich von objektivierbaren Aspekten wie Nutzwert, Gebrauchsfähigkeit und Umweltverträglichkeit der Leistungen über wirtschaftliche Aspekte bei der Haushaltsführung bis hin zur Erhöhung des Gesundheits- und Umweltbewusstseins. Veröffentlicht werden die Ergebnisse im monatlich erscheinenden Magazin „test".

Solche Betriebe lassen sich differenzieren in

- administrative und wirtschaftlich unselbständige Betriebe, die als reine Regiebetriebe (Verwaltungsbetriebe) in den Träger eingegliedert sind wie bspw. Krankenhäuser, Museen, Straßenreinigung, Schlachthöfe, Domänen oder
- administrative und wirtschaftlich selbständige Betriebe wie bspw.
  - kommunale Eigenbetriebe, in der Form von kommunalen Verkehrs- und Versorgungsbetrieben;
  - Betriebe des Sondervermögens des Bundes und der Länder nach §26 BHO (die Bundesdruckerei) sowie
  - autonome Wirtschaftskörperschaften wie zurzeit noch eingeschränkt die Bundespost und die Bundesbahn.

3.3 Begriffe im Zusammenhang mit der Rechtsformwahl

Abbildung 29 - Begriffe im Zusammenhang mit der Rechtsform-wahl

BEGRIFFLICHE FESTSTELLUNGEN

- … HANDELSREGISTER
- … KAUFMANNSEIGENSCHAFT
- … KAUFMANN KRAFT HANDELSGEWERBE
- … KAUFMANN KRAFT EINTRAGUNG INS HANDELSREGISTER
  - … SCHEINKAUFMANN
  - … FORMKAUFMANN
- … KANNKAUFMANN
  - … KLEINGEWERBEBETRIEBE ALS KANNKAUFMANN
- … LAND- UND FORSTWIRTSCHAFTEN ALS KANNKAUFMANN

… VOLLMACHT

- … GENERALVOLLMACHT
- … PROKURA
  - … EINZELPROKURA
  - … GESAMTPROKURA
- … FILIALPROKURA

… HANDLUNGSVOLLMACHT

- … ALLGEMEINE HANDLUNGSVOLLMACHT
- … ARTVOLLMACHT

… EINZELHANDLUNGSVOLLMACHT

Für die weiteren Betrachtungen im Zusammenhang mit den betrieblichen Rechtsformen sind einige Begriffe zu erläutern, nämlich

- HANDELSREGISTER,
- KAUFMANNSEIGENSCHAFT UND
- VOLLMACHT.

HANDELSREGISTER

Ein **Handelsregister** ist ein bei den Amtsgerichten geführtes, öffentliches Register aller Kaufleute und Handelsgesellschaften, die dort unter ihrer Firma verzeichnet sind. Damit werden bestimmte Rechtsvorgänge offenkundig gemacht. Eingetragen werden unter anderem: Firma, Name der/des Inhaber/s, Firmensitz, Art des Geschäfts, Geschäftsführung, Bestellung und Widerruf von Prokuristen, Insolvenzverfahren, Löschung durch Liquidation und Insolvenz.

Als Bestandteile des Handelsregisters sind zu nennen

- Abteilung A: für Einzelunternehmer und Personengesellschaften des Handelsrechts mit Ausnahme der stillen Gesellschaft sowie für die juristischen Personen des öffentlichen Rechts sowie
- Abteilung B: für Kapitalgesellschaften.

Jeder hat ein Einsichtsrecht in das Handelsregister. Darüber hinaus erfolgt eine Veröffentlichung aller Eintragungen veranlasst vom Gericht im Bundesanzeiger und eine Bekanntgabe in mindestens einem Blatt im Amtsgerichtsbezirk.

Das Handelsregister hat eine bestimmte Öffentlichkeitswirkung: Es schützt weitgehend den gutgläubigen Dritten, genießt jedoch keinen öffentlichen Glauben wie das Grundbuch, d.h. eingetragene und bekanntgegebene Tatsachen muss ein Dritter grundsätzlich gegen sich gelten lassen, nicht eingetragene und nicht bekanntgegebene eintragungspflichtige Tatsachen können einem gutgläubigen Dritten nicht entgegengesetzt werden.

Ein/e `Unternehmer/in´ ist eine Person, die eine gewerbliche oder selbständige Tätigkeit ausübt (§24 Satz 1 Nr. 1 AGB)

Ein **(Ist-)Kauf`mann´** ist jede natürliche oder juristische Person, die ein Handelsgewerbe betreibt (§1 Abs. 1 HGB).

Ein **Handelsgewerbe** ist jedes gewerbliche Unternehmen, das ein nach Art und Umfang in kaufmännischer Weise eingerichteten Geschäftsbetrieb erfordert (§1 Abs. 2 HGB) und zwar völlig unabhängig von einer Eintragung im Handelsregister. Er/Sie ist de jure (kraft Gesetz) Kauf`mann´.

Bei einem `**in kaufmännischer Weise eingerichteten Geschäftsbetrieb**´ muss eine kaufmännische Einrichtung (Buchführung, Bilanzierung, kaufmännische Verwaltung und Organisation) nicht tatsächlich vorhanden sein, sondern sie muss grundlegend erforderlich sein. Es wird juristisch grundsätzlich von der Vermutung ausgegangen, dass bei Vorliegen eines Gewerbes von einem Handelsgewerbe und damit von Kaufmannstatus auszugehen ist. Der Gewerbetreibende muss beweisen, dass sein Gewerbe nicht kaufmännisch ist, auch wenn er nicht ins Handelsregister eingetragen ist, d.h. ein Kleingewerbetreibender muss beweisen, dass er kein Kaufmann ist.

Alle Kaufleute sind verpflichtet Bücher zu führen, in denen sie ihr Handelsgeschäft und die Lage ihres Vermögens nach den Grundsätzen ordnungsmäßiger Buchführung (GoB) ersichtlich machen (§238 HGB i.V.m. §33 GenG bzw. §41 GmbHG). Sie können Prokura und Handlungsvollmacht erteilen und besitzen eine Firma. Der Gesetzgeber differenziert zwischen einem

- KAUFMANN KRAFT HANDELSGEWERBE UND
- KAUFMANN KRAFT EINTRAGUNG INS HANDELSREGISTER.

KAUFMANN KRAFT HANDELSGEWERBE

Ein **Kaufmann kraft Handelsgewerbe** – ein sog. **Ist-Kaufmann** – ist jeder Gewerbetreibende, der ein Handelsgewerbe betreibt (§1 Abs. 1 HGB), d. h. ein `nach Art und Umfang in kaufmännischer Weise eingerichteten Geschäftsbetrieb erfordert´ (§1 Abs. 2 HGB). Auch handwerkliche Unternehmen zählen dazu. Die **Eintragung** ins Handelsregister ist **deklaratorisch**, d.h. sie ist **rechts-erklärend**.

KAUFMANN KRAFT EINTRAGUNG INS HANDELSREGISTER

Mit der Eintragung des Gewerbes ins Handelsregister werden die folgenden Formen von Kaufleuten nunciert. Die Eintragung ins Handelsregister ist **konstitutiv**, d.h. sie ist **rechtsbegründend**, so dass mit der Eintragung die Gesellschaft ihre Rechte und Pflichten erhält. Die Kaufleute kraft Eintragung ins Handelsregister lassen sich abgrenzen in

- SCHEINKAUFMANN,
- FORMKAUFMANN UND
- KANNKAUFMANN.

SCHEINKAUFMANN

Scheinkaufleute (§5 i.V.m. §15 Abs. 2 u. 3 HGB) sind solche, die sich ins Handelsregister als Firma haben eintragen lassen, jedoch aufgrund der Geringfügigkeit ihrer Aktivitäten nicht dazu berechtigt sind. Trotz nicht berechtigter Eintragung muss der Eingetragene sich mit allen Rechten und Pflichten als Kaufmann behandeln lassen.

FORMKAUFMANN

Alle Kapitalgesellschaften (AG, GmbH, KGaA) sowie Genossenschaften (e.G.) als juristische Person sind **Kaufmann kraft Gesetzes (Formkaufmann)**, d. h. aufgrund ihrer Rechtsform, auch wenn sie kein Handelsgewerbe (i. S. d. §1 Abs. 1 HGB) betreiben. Formkaufleute (§6 HGB) erwerben kraft Handelsregistereintragung die Kaufmannseigenschaft und sind somit Kaufleute.

KANNKAUFMANN

Die Möglichkeit der Kannkaufmannseigenschaft besteht alternativ für

- KLEINGEWERBEBETRIEBE ALS KANNKAUFMANN UND
- LAND- UND FORSTWIRTSCHAFTEN ALS KANNKAUFMANN.

KLEINGEWERBEBETRIEBE ALS KANNKAUFMANN

Durch die freiwillige Eintragung ins Handelsregister können auch **kleinge-werbliche Einzelunternehmen** optional die Kaufmannseigenschaft erwerben. Die Wirkung der Eintragung ins Handelsregister ist konstitutiv.

Ebenso können sich Personengesellschaften (OHG, KG), deren Gewerbebetrieb nicht die Anforderungen des Handelsgewerbes erfüllen (§1 Abs. 2 HGB) sich in das Handelsregister eintragen lassen (§105 Abs. 2 HGB).

Diese Entscheidung für den Kaufmannsstatus ist umkehrbar, d. h. ein Rückzug aus diesem Status ist ebenso freiwillig wie der Eintritt. Eine Löschung der Eintragung ins Handelsregister wird auf Antrag vorgenommen, so dass die Kaufmannseigenschaft erlischt, wenn der Betrieb nicht inzwischen kraft Gesetzes zur Eintragung aufgrund der Art und Weise, mit der er seine Tätigkeit ausübt, verpflichtet ist (§2 Satz 3 HGB).

LAND- UND FORSTWIRTSCHAFTEN ALS KANNKAUFMANN

Land- und Forstwirtschaften sind berechtigt, sich auf ihren Haupt- oder Nebenbetrieb (bspw. Getreidemühle, Brauerei, Molkerei, Winzer, Brennerei, Sägewerk) in das Handelsregister eintragen zu lassen, wenn der Betrieb einen nach Art und Umfang in kaufmännischer Art und Weise eingerichteten Geschäftsbetrieb erfordert, sie sind jedoch davon ansonsten freigestellt. **Kannkaufleute** (§3 HGB) erwerben kraft Handelsregistereintrag die Kaufmannseigenschaft.

VOLLMACHT

Die **Vollmacht** ist eine rechtsgeschäftliche, übertragbare Befugnis, für jemand anderen, einen Dritten gegenüber zu handeln. Sie ist ein einseitiges, empfangsbedürftiges Rechtsgeschäft und erfolgt durch

- eine Erklärung gegenüber dem zu Bevollmächtigenden oder durch
- eine Erklärung gegenüber den Geschäftspartnern.

Die Vollmacht erlischt

- mit Beendigung des Rechtsverhältnisses, mit dem sie verbunden ist wie bspw. Dienstvertrag, Tod der/des Bevollmächtigten,
- durch Widerruf durch den Bevollmächtigenden,
- durch Auflösung des Betriebs,
- bei Wechsel des Unternehmensinhabers nur, wenn der neue Inhaber explizit widerruft und
- bei Einzelvollmacht nach Durchführung des Auftrags.

Es sind drei Arten von Vollmacht zu unterscheiden, wobei diese Aufzählung eine Abstufung im Sinne geringer werdender Vollmachten beschreibt:

- GENERALVOLLMACHT,
- PROKURA UND
- HANDLUNGSVOLLMACHT.

GENERALVOLLMACHT

Eine **Generalvollmacht** versetzt den Bevollmächtigten in die Situation, den Auftraggeber in allen Rechtsgeschäften vertreten zu können, für die eine Erteilung der Vollmacht gesetzlich oder satzungsmäßig zulässig ist (§§164 ff. BGB). Die Erteilung der Generalvollmacht ist formfrei und kann – von einem (Voll-)Kaufmann erteilt – ihrem Umfang nach über die Prokura hinausgehen. Sie muss jedoch mindestens dem Umfang der allgemeinen Handlungsvollmacht (§54 HGB) entsprechen.

Die Generalvollmacht kann als **Einzel-** oder **Gesamtvertretung** erteilt werden, d.h. für eine Person oder mindestens zwei Personen gelten.

Prokura

Die Erteilung einer **Prokura** obliegt dem Kaufmann oder seiner gesetzlichen Vertretung. Die Prokura muss ausdrücklich schriftlich oder mündlich erteilt werden.

Sie ermächtigt die/den Bevollmächtigte/-n zu allen Arten von gerichtlichen und außergerichtlichen Geschäften und Rechtshandlungen, die der Betrieb irgendeines Handelsgewerbes gewöhnlicherweise mit sich bringt (§49 HGB). Für die Veräußerung oder Belastung von Grundstücken benötigt der/die Prokurist/-in eine spezielle Vollmacht (§49 Abs. 2 HGB).

Dem/der Prokurist/-in sind folgende Handlungen verboten:

- für den Kaufmann einen gerichtlichen Eid zu leisten,
- Bilanzen und Steuererklärungen zu unterschreiben,
- Handelsregistereintragungen zu beantragen,
- Insolvenz anzumelden,
- den Betrieb zu verkaufen,
- (Unter-)Prokuren zu erteilen sowie
- Gesellschafter aufzunehmen.

Die Prokura erlangt ihre Wirksamkeit im Innenverhältnis mit der Erteilung. Im Außenverhältnis wird die Prokura erst wirksam, wenn

- sie Dritten gegenüber zur Kenntnis gegeben wurde oder
- sie in das Handelsregister eingetragen und veröffentlicht ist. Die Eintragung hat deklaratorische (rechtserklärende) Wirkung.

Der/die Prokurist/-in unterschreibt als Bevollmächtigte/-r des (Voll-)Kaufmanns mit `ppa´ (per procura). Der Umfang der Prokura kann im Innenverhältnis eingeschränkt werden, im Außenverhältnis wirkt sie unbeschränkt.

Als Prokuraarten sind möglich

- EINZELPROKURA,
- GESAMTPROKURA UND
- FILIALPROKURA.

EINZELPROKURA

Die **Einzelprokura** ermächtigt eine Person als Unterschriftsberechtigte/-r Geschäfte vorzunehmen.

GESAMTPROKURA

Eine **Gesamtprokura** liegt vor, wenn mehrere Personen gemeinschaftlich ermächtigt sind, als Prokuristen zu handeln. Die Gesamtprokuristen müssen die Handlungen gemeinsam absprechen, ihre Entscheidungen gemeinsam treffen und unterschreiben. Die Gesamtprokura kann auf eine Filiale beschränkt sein.

FILIALPROKURA

Betreibt ein Unternehmen mehrere Filialen (Niederlassungen), so kann die Prokura auf das Hauptgeschäft oder eine Filiale beschränkt sein, wenn sich diese gegeneinander abgrenzen lassen (**Filialprokura**).

HANDLUNGSVOLLMACHT

Die **Handlungsvollmacht** kann vom Kaufmann sowie vom Prokuristen ausgesprochen werden. Die Erteilung der Handlungsvollmacht kann schriftlich, mündlich oder sogar durch Duldung bestimmter Handlungen stillschweigend erfolgen.

Die Handlungsvollmacht wird nicht ins Handelsregister eingetragen. Die Handlungsvollmacht ermächtigt die/den Bevollmächtigte/-n zum Betrieb eines Handelsgewerbes oder innerhalb dieses Gewerbes zur Vornahme aller Rechtsgeschäfte, die der Betrieb eines derartigen Geschäfts gewöhnlich mit sich bringt (§54 Abs. 1 HGB). Für die Veräußerung oder Belastung von Grundstücken, zur Eingehung von Wechselverbindlichkeiten, zur Aufnahme von Darlehen und zur Prozessführung benötigt die/der Bevollmächtigte eine besondere Ermächtigung. Der Umfang der Vollmachterteilung kann aufgabenorientiert festgelegt werden. Je nach dem Umfang der Vollmacht ergibt sich eine Hierarchie der Vollmachterteilung, die durch die Abbildung verdeutlicht wird.

Abbildung 30 - Hierarchie der Vollmachterteilung

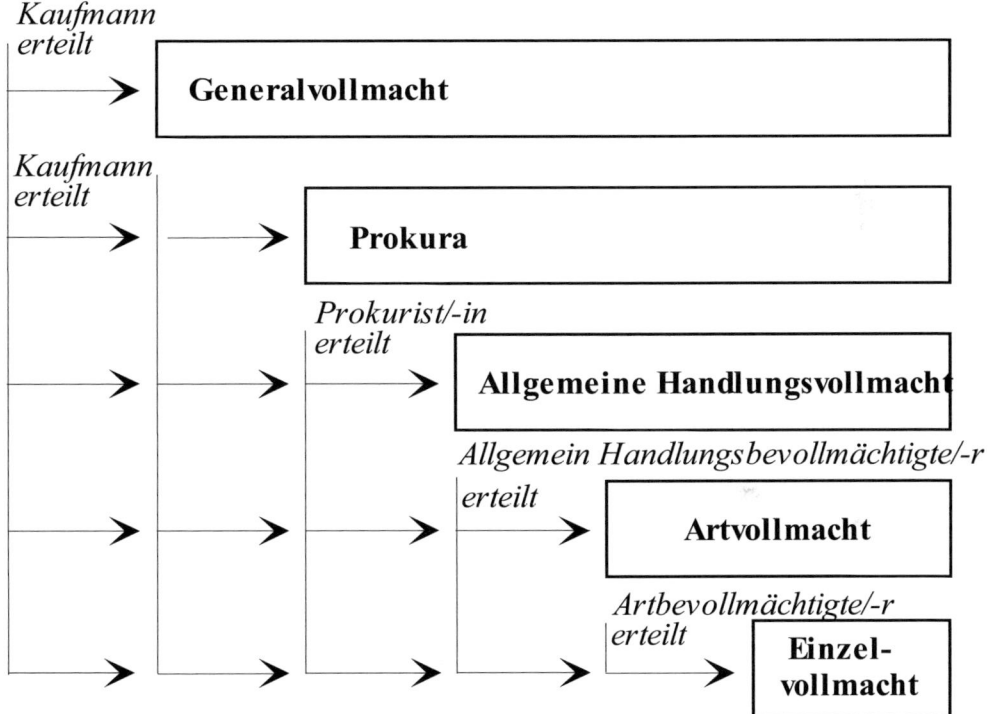

Als Vollmachten sind zu nennen

- ALLGEMEINE HANDLUNGSVOLLMACHT,

- ARTVOLLMACHT UND

- EINZELHANDLUNGSVOLLMACHT.

ALLGEMEINE HANDLUNGSVOLLMACHT

Die **allgemeine Handlungsvollmacht** bzw. Generalhandlungsvollmacht berechtigt zur Ausführung sämtlicher Rechtsgeschäfte, die in dem Handelsgewerbe gewöhnlich vorkommen. Ein/e Handlungsbevollmächtigte/r kann Zahlungsgeschäfte veranlassen, Mitarbeiter einstellen oder freisetzen sowie Waren ein- oder verkaufen. Der/die Handlungsbevollmächtigte/-r unterschreibt mit `i.V.´ (in Vollmacht).

ARTVOLLMACHT

Die **Artvollmacht** bzw. **Gestaltungsvollmacht** berechtigt zur Vornahme einer bestimmten Art von Rechtsgeschäften, die im Betrieb eines derartigen Handelsgewerbes ständig vorkommen. Artvollmacht haben bspw. Einkäufer, Verkäufer, reisende Angestellte, Schalterbedienstete oder Kassierer. Der/ die Artbevollmächtigte unterschreibt mit `i.A.´ (im Auftrag).

EINZELHANDLUNGSVOLLMACHT

Die **Einzelhandlungsvollmacht** ermächtigt zur einmaligen Vornahme einzelner zu einem Handelsgewerbe gehörender Geschäfte. Sie wird fallweise erteilt.

4 Konstitutionaler Rahmen: privatrechtliche Rechtsformen von Betrieben

Siehe Betriebswirtschaftslehre – eine Einführung in hierarchischen Modulen – Band 4.

5 Konstitutionaler Rahmen: Unternehmenswendepunkte

Siehe Betriebswirtschaftslehre – eine Einführung in hierarchischen Modulen – Band 5.

6 Institutionaler Rahmen von Betrieben

Siehe Betriebswirtschaftslehre – eine Einführung in hierarchischen Modulen – Band 6.

Sachwortregister

Nutzung des Sachwortregisters:

Den Begriffsinhalt zum Sachwort finden Sie, in dem Sie der Seitenzahl oder dem (blauen) Pfeil folgen.
Das Modul, in dem das Sachwort steht, finden Sie in der Kapitelangabe.

Literaturverzeichnis

Bartsch, J., & Fischer, G. (1976). *Optische Betriebswirtschaftslehre, Heft 1: 20 Schaubilder zu den Grundlagen der Betriebswirtschaftslehre.* Berlin, Herne: Neue Wirtschafts-Briefe.

Bea, F. X. (ab 6. Aufl., 1992). Konstitutive Entscheidungen. In Bea, Dichtl, & S. (Hrsg.), *Allgemeine Betriebswirtschaftslehre, Band 1: Grundlagen* (S. 310ff.). Stuttgart, Jena.

Diederich, H. (ab 7. Aufl, 1992.). *Allgemeine Betriebswirtschaftslehre I.* Stuttgart, Berlin, Köln.

Luger, A. E. (ab 5. Aufl., 2004). *Allgemeine Betriebswirtschaftslehre, Band 1: Der Aufbau des Betriebes.* München, Wien: Carl Hanser Verlag.

Schierenbeck, H. (ab 17. Aufl., 2008). *Grundzüge der Betriebswirtschaftslehre.* München, Wien: Olden-bourg Verlag.

Steiner, M. (ab 5. Aufl., 2005). Konstitutive Entscheidungen. In *Vahlens Kompendium der Betriebswirtschaftslehre, Band 1.* München: Verlag Franz Vahlen.

Über den Autor

Dr. Eike Clausius (www.eikeclausius.de) studierte Wirtschaft und Chemie in Berlin, Niederlanden, (ehem.) Tschechoslowakei sowie den USA und schloss sein Studium als Wirtschaftsingenieur an der TU Berlin mit dem Dipl.-Ingenieur/ TU 1983 ab.

Nach mehrjähriger Tätigkeit in der Industrie promovierte er 1992 zum Dr. rer. oec. an der TU Berlin. 1994 erhielt er einen Ruf zum Professor auf den Lehrstuhl für Allgemeine Betriebswirtschaftslehre an die Westsächsischen Hochschule Zwickau in Zwickau/ Sachsen. Er erweiterte seine Kenntnisse um den Forschungs- und Spezialschwerpunkt: Unternehmensführung mit emotionaler Kompetenz, insbesondere die **EIKE-Methode** – **E**motional-**I**ntelligence-as-**K**ey-**E**lement.

Er ist Bestseller-Autor mehrerer wissenschaftlicher Bücher, Healthy-Living- und Mental-Coach sowie Persönlichkeits-Trainer. In unterschiedlichen Unternehmen ist er als Coach sowie All-umfassender Trainer tätig.

Mit seiner Familie lebt er in Berlin.

Kontakt zum Autor für Seminarinteressierte, Unterstützer seiner Forschungsgebiete und Sponsoren:

Homepage: www.eikeclausius.de; www.EIKE-Methode.de

www.das-zweite.gehalt.de; www.the-second-income.de; www.la-segunda-fuente.de

Email: ecl@eikeclausius.de

Notizen

<u>Notizen</u>

<u>Notizen</u>

Notizen